Début d'une série de documents
en couleur

DE LA MISSION

DU PROTESTANTISME

DANS

L'ÉTAT ACTUEL DES ESPRITS

RAPPORT LU AUX CONFÉRENCES PASTORALES FRATERNELLES DE PARIS

Le 7 Mai 1867,

Par JULES STEEG

(Extrait du Disciple de Jésus-Christ.)

PARIS

LIBRAIRIE DE LA SUISSE ROMANDE

RUE DE SEINE, 33

1867

LE DISCIPLE DE JÉSUS-CHRIST

REVUE

DE

CHRISTIANISME LIBÉRAL

PUBLIÉE SOUS LA DIRECTION DE

J. MARTIN-PASCHOUD

(29e Année)

PRIX : **10** fr. pour la France. — **12** fr. pour l'Étranger.

SOMMAIRE DES NUMÉROS DES 1er ET 15 JUIN 1867.

On s'abonne chez :

JOEL CHERBULIEZ, libraire, rue de Seine, 33.

GERMER-BAILLIÈRE, libraire, rue de l'École-de-Médecine, 17.

SAINT-DENIS. — TYPOGRAPHIE DE A. MOULIN.

SOMMAIRES DU 1er SEMESTRE 1867.

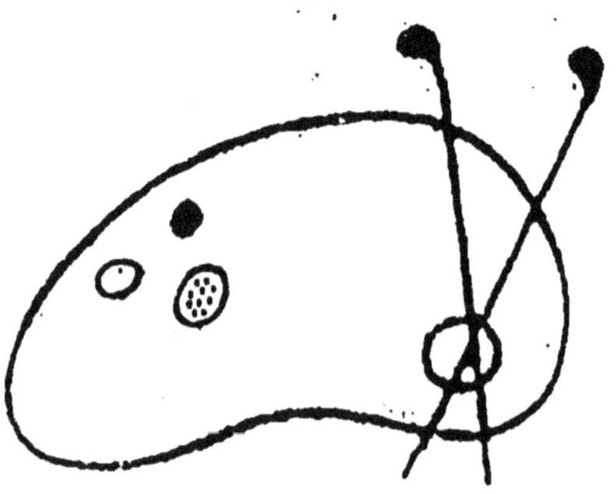

Fin d'une série de documents
en couleur

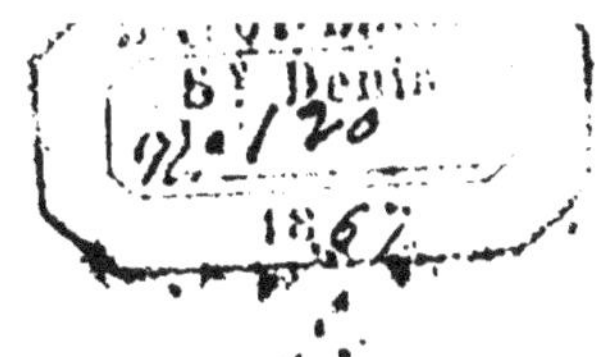

DE LA MISSION DU PROTESTANTISME

DANS L'ÉTAT ACTUEL DES ESPRITS.

(Rapport lu aux Conférences pastorales fraternelles de Paris, le 7 Mai 1867.)

Messieurs,

Pour répondre avec quelque certitude à la question dont vous m'avez fait l'honneur de me confier l'examen en vue de ces Conférences, je vous propose de rechercher d'abord ce qu'il faut entendre par le protestantisme, afin qu'il n'y ait pas d'équivoque entre nous, puis quel est l'état actuel des esprits. Nous verrons plus clairement ainsi quel rapport on peut établir entre ces deux termes, et quels devoirs l'état actuel des esprits impose au protestantisme. De là trois parties (d'inégale étendue) que je vais successivement développer devant vous.

I

Le protestantisme est répandu dans d'immenses contrées ; partout où la civilisation moderne a pénétré, a brisé les barrières élevées par le moyen âge, et a introduit à sa suite quelque liberté, le protestantisme est aussitôt entré par cette brèche. Il est la religion dominante de l'Angleterre, des États-Unis, de la Prusse, du Danemark et de la Suède, de plusieurs États allemands, de la Hollande, d'une

partie de la Suisse, et il a des adhérents, des églises, des
pasteurs dans toute l'Europe, sauf en Espagne et à Rome,
derniers vestiges d'un monde disparu.

Mais ce nom, commun à un si grand nombre d'hommes,
abrite bien des diversités. Quelle différence entre l'Église
épiscopale et la Société des Amis, entre les synodes luthé-
riens et les frères de Plymouth, entre l'Église concorda-
taire de France et les associations baptistes de la Nouvelle-
Angleterre! Si la constitution diffère, le culte ne diffère
pas moins. Les liturgies lues par le ministre de la Confession d'Augsbourg, enveloppé de sa robe pastorale, devant
l'autel, au pied du crucifix, ne sont pas semblables aux li-
tanies et aux répons du *Prayer-Book*, qui retentissent dans
les cathédrales de Londres. Et comme il y a loin de ces
rites solennels aux agitations fiévreuses des assemblées du
Réveil américain, ou aux formes libres et changeantes des
congrégations wesleyennes, ou aux réunions silencieuses
des quakers, ou aux cérémonies pittoresques des Frères
moraves! Sous la variété du culte, y a-t-il au moins unité
de doctrines? Qui l'oserait dire? Le simple fait qu'il existe
de si nombreuses sectes dans le protestantisme est la
preuve suffisante de la diversité dogmatique; car ce ne
sont pas seulement des Églises nées de circonstances diffé-
rentes et qui représentent des nationalités diverses; elles
subsistent dans le même pays, dans la ville, dans la même
rue. Sont-ce des diversités de médiocre importance? Nul-
lement; elles sont parfois très-profondes. Les hommes ne
se divisent pas ainsi sans de sérieuses raisons. Quelle distance sépare l'Église anglicane, qui fait profession de
croire au symbole d'Athanase et le lit dans ses services publics, des Églises unitaires qui regardent la Trinité comme
un blasphème! Le luthérien considère les sacrements comme
des véhicules de la grâce divine, reconnaît au baptême et

à la sainte Cène une action mystérieuse et indéfinissable ;
le réformé n'y voit que des signes commémoratifs, une
sorte de prédication symbolique, et cette différence est
assez grave pour que jadis Luther ait refusé à Zwingle,
pour ce motif, la main d'association. Quelle profession de
foi, quel catéchisme réunirait l'assentiment des Baptistes,
des Méthodistes, des Millénaires, des sectes fondées par
Penn, Zinzendorf, Irving, Darby, Rapp, Michel Hahn, etc.,
sans parler des grandes Églises officielles?—Si, des Églises,
nous passons aux individus qui les composent, les diffé-
rences paraissent bien plus considérables encore. On peut
affirmer sans crainte qu'il n'y a pas un seul point de doctrine admis par les uns qui ne soit rejeté par d'autres, ou
soumis aux interprétations les plus contraires dans le sein
du protestantisme : je ne parle pas seulement de points de
détail, mais des dogmes même qu'on appelle fondamentaux, ceux qui définissent la personne et l'œuvre de Jésus-
Christ, la nature du péché, l'autorité de la Bible ; les termes
employés par tous le sont dans des sens différents : ré-
demption, prière, grâce, Saint-Esprit, église, conversion,
salut. Tout l'intervalle qui se trouve entre les ultra luthé-
riens ou les puséystes, qui confinent à Rome, et les latitu-
dinaires ou les libéraux accusés de radicalisme, est occupé
par une multitude d'opinions, de nuances, de degrés qui
mènent de l'un à l'autre, sans interruption ni lacune. Il
semble qu'il y ait un abîme entre les extrémités ; cet abîme
est comblé par la multiplicité des croyances les plus diverses. Tous ensemble, les extrêmes et les intermédiaires
qui les réunissent, forment le vaste corps désigné sous le
nom de protestantisme ; tous, à quelque Église, secte ou
opinion qu'ils appartiennent, se disent et sont protestants.

Est-ce donc le chaos? N'ont-ils rien de commun que le

nom? S'il n'y a parmi eux nulle unité, ni d'organisation, ni de culte, ni de doctrine, quel est donc le lien qui les rassemble, quel est le sens de cette désignation qu'on leur applique à tous, quel est le principe commun, générateur, de ce protestantisme si étonnamment divers dans ses manifestations? — Cette question, très-controversée parmi nous, est de la plus grande importance pour le sujet qui nous occupe. Car c'est de la réponse qu'elle recevra que dépend la manière dont nous devons concevoir la mission actuelle du protestantisme.

L'opinion la plus répandue est celle qui fait consister le protestantisme dans le libre examen. — C'est sans doute uu des caractères communs à tous les protestants de mettre en pratique avec plus ou moins de fermeté le conseil de l'apôtre : Examinez toutes choses, et retenez ce qui est bon. Mais le libre examen, c'est-à-dire la recherche purement intellectuelle et scientifique, ne fonde pas une religion. Il est intimement uni au protestantisme; il n'en est pas l'essence. Ce n'est pas au nom du libre examen que Luther a soulevé l'Allemagne, que Calvin a régénéré Genève, que John Knox a établi la Réforme dans le pays de Marie Stuart. Un souffle religieux anime tous les réformateurs et leurs disciples. Ce n'est pas la liberté qu'ils proclament, c'est la vérité; ce n'est pas l'examen, c'est la foi. Ce qui les enflamme, ce n'est pas le droit d'examiner, c'est le résultat de leur examen, c'est le salut gratuit qu'ils ont retrouvé enfoui sous les œuvres mortes, sous les traditions de l'Église. Une source a jailli des décombres, et ils ne veulent autre chose que s'y désaltérer: c'est pour mieux jouir de cette eau vive qu'ils déblaient le terrain, qu'ils écartent les obstacles. Ils ne cherchent plus, ils ont trouvé. Ce ne sont pas des libres penseurs, mais de fidèles croyants. Ils ne demandent pas la liberté du doute (le doute leur fait horreur), mais l'indépendance et la pureté de la foi. Soutenir que le protestantisme n'est autre chose que la liberté d'examen, c'est prouver qu'on ne connaît rien des pensées et des œuvres des réformateurs, qu'on ne sait rien de ces paroles brûlantes, de cette foi si sûre d'elle-même, si peu accessible au doute, si ardente, qu'elle pousse au martyre et même quelquefois à la persécution. Loin de faire du libre examen le principe de leur œuvre, les réformateurs acceptent d'abord sans conteste toutes les anciennes doctrines de l'Église ; ils n'admettent pas qu'on révise les vieux procès dogmatiques, qu'on revienne sur les décisions de Nicée, de Constantinople, de Chalcédoine ; les formules d'usage entrent tout armées dans les nouvelles confessions de foi ; Mélanchton reproduit Athanase, sans examen ; Calvin tourne contre Michel Servet les arguments meurtriers du moyen âge. Ce n'est pas la critique, le libre examen qui ont fondé la Réforme, — et si aujourd'hui nous sommes et voulons demeurer protestants, ce n'est pas en vertu du libre examen, qui nous est commun avec la science et la philosophie, mais en vertu d'une foi positive que nous regardons comme le meilleur et le plus précieux de nos biens. La liberté de pensée n'est pas spéciale au protestantisme ; grâce à lui, elle est devenue à présent l'atmosphère intellectuelle de tous les esprits cultivés.

Le protestantisme n'est pas non plus une simple révolte contre la papauté ; ce n'est pas l'opposition à l'Église romaine qui lui donne son vrai caractère. Définir ainsi le protestantisme serait le réduire à des proportions mesquines que la connaissance la plus superficielle de l'histoire démentirait aussitôt. Il est bien vrai que le xvi° siècle fut témoin d'une vaste insurrection contre le papisme ; mais ce qu'il nous importe de savoir, c'est le principe qui l'a produite. Une insurrection qui n'est qu'une explosion de mécontentement s'apaise bientôt; elle ne réussit à rien fonder. C'est un épisode, non une création. Tel ne fut point le protestantisme. Les premiers auteurs du mouvement (bien qu'ayant rompu de fait avec l'Église), ne s'en doutaient pas et ne songeaient pas à la quitter. Ils en combattaient les institutions l'une après l'autre, sans préméditation, sans concert, entraînés par une pensée supérieure qui les menait bien au delà du but qu'ils s'étaient proposé. S'ils s'étaient renfermés dans un rôle d'opposition, ils auraient peut-être modifié quelques détails, guéri quelques maux; mais ils ont fait bien plus, et le protestantisme atteste par sa vitalité invincible et communicative, qu'il y a en lui autre chose qu'une protestation contre la cour de Rome et les abus du clergé. Longtemps avant d'avoir brûlé la bulle du pape, lorsqu'il gémissait encore dans sa cellule d'Erfurt, Luther était protestant. Longtemps avant de pouvoir pressentir que le mouvement évangélique qu'il commençait menait à la révolte contre l'Église, Lefèvre d'Étaples était protestant. Longtemps avant d'être l'apôtre de Zurich, pendant qu'il disait encore dévotement la messe comme curé d'Einsiedlen, Zwingle était protestant. Le germe de la vie nouvelle était en eux, ce n'est qu'en se développant qu'il brisa l'une après l'autre les anciennes formes qui le comprimaient. Il y avait déjà plus d'un siècle que les honteux déportements des moines et des prêtres, le luxe scandaleux des prélats, les mœurs mondaines ou dépravées des papes soulevaient l'indignation des honnêtes gens, mais cette indignation n'était pas le protestantisme. Bernard de Clairvaux avait assez maudit les péchés de l'Église, et il n'était pas protestant ni ne le fût jamais devenu. Jean Gerson avait réclamé avec toute l'autorité de son caractère la réforme des membres et de la tête de l'Église; et il donna son assentiment au lâche supplice de Jean Huss, un des vrais pères du protestantisme. Combien, depuis lors, l'Église catholique n'a-t-elle pas rencontré de censeurs ou même d'adversaires à qui cette opposition, quelque persévérante, quelque passionnée qu'elle ait été, n'a pas valu le nom de protestants. Ni Voltaire, ni les encyclopédistes n'ont pris ce nom et ne peuvent le recevoir, et pourtant leurs attaques contre le catholicisme ont atteint, sinon dépassé, la violence de nos plus ardents controversistes. La raison d'être du protestantisme en Amérique est-elle l'opposition au saint siége, dont la faible voix parvient à peine à franchir l'Océan et va expirer au milieu des bruits d'une civilisation dédaigneuse du passé? Le peuple jeune et fort des États-Unis ne se soucie guère des prétentions séniles de la papauté; il vit dans le présent et pour l'avenir; sa religion participe de son génie, et Rome ne fût-elle plus qu'un souvenir, le protestantisme continuerait à régner et à se répandre sur ces vastes territoires qu'habite la liberté.

Bien des gens soutiennent que le protestantisme a pour caractère essentiel la soumission à l'autorité de la Bible. Cela n'est pas, car ce serait supposer que le catholicisme récuse cette autorité, tandis qu'au contraire c'est lui qui l'a fondée, formulée, proclamée, imposée. Les premiers chrétiens reçurent l'Ancien Testament des mains des Juifs; les protestants reçurent le Nouveau Testament des mains des catholiques. C'est l'Église qui en a réuni les livres, qui en a consacré le recueil. Rien de moins stable que ce recueil, plus ou moins volumineux selon les temps, les besoins, les contrées, jusqu'à ce que l'Église en ait fixé définitivement la composition par la voix de ses docteurs et de ses synodes. C'est l'Église qui les déclare divins, qui dit lesquels le sont, comment ils le sont, quelle absolue confiance on leur doit. C'est l'Église qui en a divinisé non-seulement l'esprit, mais la lettre. La théopneustie est un dogme catholique. L'infaillibilité du Canon fait partie intégrante de l'infaillibilité de l'Église : affirmer l'une, c'est affirmer l'autre, contester l'une, c'est contester l'autre, puisque le Canon, c'est-à-dire le recueil officiel des livres qu'il faut tenir pour sacrés, est l'œuvre de l'Église. La soumission à l'autorité de la Bible est donc pour le moins autant catholique que protestante, et ne peut par conséquent pas servir à caractériser l'une de ces deux formes religieuses. — Bien plus, le protestantisme, toutes les fois qu'il a eu une vive conscience de lui-même, a usé d'indépendance vis-à-vis de la Bible, même dès les premiers jours de la Réformation. C'est à présent un fait connu de tous, que Luther a fort librement parlé de plusieurs livres bibliques, qu'il regardait le livre d'Esther comme indigne de figurer dans le canon sacré, qu'il était loin d'attribuer une dignité divine à l'Ecclésiaste et au Cantique des Cantiques, qu'il établissait deux catégories dans les livres du Nouveau Testament, qu'il estimait l'É-vangile de Jean et les épîtres de Paul bien au-dessus des synoptiques, que l'épître aux Hébreux le scandalisait (1), que l'épître de Jacques lui était antipathique, parce qu'elle contredisait la doctrine de saint Paul, qu'il ne pouvait enfin s'accommoder en aucune façon de l'Apocalypse, et qu'il la mettait au même rang que les apocryphes, « parce qu'elle ne connaît ni n'enseigne le Christ (2). » Œcolam-pade, de son côté, reconstruisait aussi le canon, refusant de placer l'Apocalypse, les épîtres de Jacques, de Jude, la seconde de Pierre et les deux dernières de Jean sur la

____

(1) Préf. à la trad.
(2) Id.

même ligne que les autres écrits (1). Zwingle se gardait bien de faire usage de l'Apocalypse, parce que, disait-il, il n'y retrouvait « ni le langage ni l'esprit de saint Jean (2). » Calvin ne voulait pas admettre que l'épître aux Hébreux fût de Paul, ni que la seconde de Pierre fût de Pierre (3). Ainsi ils mettaient tous en question l'infaillibilité du recueil; ils faisaient, selon les lumières et les nécessités de leur époque, de la critique biblique. Leur époque n'était pas encore mûre pour cette science; ils avaient d'autres travaux, une autre mission à accomplir, mais ils ont donné l'exemple; en ruinant l'autorité catholique, ils ont soustrait au recueil sacré son antique base; ils ont substitué aux décisions infaillibles de l'Église leur appréciation personnelle, et ne se sont arrêtés dans cette voie que parce que rien ne les poussait à s'aventurer plus loin. Contestant l'Apocalypse, ils pouvaient discuter les Actes des Apôtres; rejetant la seconde épître de Pierre parmi les apocryphes, ils pouvaient mettre aussi la première en suspicion; condamnant la doctrine de Jacques, ils pouvaient citer au même tribunal celle de Jean; dédaignant Esther ou le cantique de Salomon, ils pouvaient critiquer Ruth ou Job. Nul livre ne se trouvait à *priori* à l'abri de leur contrôle, et ne pouvait se refuser d'avance à subir leur jugement. Sans doute, on rencontre dans les écrits des réformateurs des paroles de soumission absolue à l'autorité de la Bible, et nous ne prétendons pas faire d'eux des critiques modernes; mais la hardiesse de leurs principes se fait jour à travers leur soumission même, d'ailleurs réfléchie et légitime.

L'œuvre critique des réformateurs, à peine ébauchée,

(1) *Ep. ad Vald.*
(2) *De clar. Verb. Dei.*
(3) Comment. aux Héb. et à la 2ᵉ ép. de Pierre.

interrompue par les circonstances, et oubliée dans la triste somnolence qui suivit ce grand élan, fut reprise et continuée par les plus éminents docteurs du protestantisme, depuis la fin du xviii° siècle jusqu'à nos jours. Les admirables travaux de la théologie allemande, les noms de Semler, de Gesenius, de Schleiermacher, de Wette, Neander, Ewald, Baur, que nous prenons entre tant d'autres, prouvent que la critique biblique est essentiellement protestante (1), et que le protestantisme ne consiste pas dans la soumission à l'autorité de la Bible, puisque la science et la conscience s'arrogent le droit d'en examiner, d'en juger, d'en accepter ou d'en récuser les arrêts, c'est-à-dire les livres qui la composent et les doctrines qu'elle renferme.

Le protestantisme est-il simplement, comme on se plaît à le répéter aujourd'hui, le retour au christianisme apostolique ? Non, il ne l'est ni par les doctrines, ni par l'organisation, ni au dedans, ni au dehors. — Les deux faits les plus saillants du christianisme apostolique, sont l'attente de la parousie (de la seconde venue de Jésus-Christ), et la discussion sur l'entrée des païens dans l'Église. Ce ne sont pas là des détails insignifiants, mais les manifestations les plus considérables de la vie ecclésiastique au premier siècle. — Jésus est le Messie ; il n'a pas accompli dans sa courte existence les brillantes promesses des prophètes, mais il ne va pas tarder à revenir dans les nuées du ciel pour venger ses élus et pour juger le monde ; les morts ressusciteront, les chrétiens vivants alors seront transformés et la félicité commencera. C'est la pensée qui est au

____

(1) Les travaux d'Origène, de Théodore de Mopsuerte dans l'ancienne Église, ceux de Richard Simon, oratorien, sont trop isolés et trop contraires au principe catholique pour qu'on puisse les citer comme des preuves du contraire.

fond de la prédication apostolique, c'est la préoccupation générale, c'est le dogme commun (et peut-être le seul commun) à tous les chrétiens du premier siècle. Je ne dis pas que ce soit le plus important en réalité, mais c'est celui qui est le plus en relief, qui soulève le moins d'objections, de discussions, de divisions dans le sein de l'Église. Saint Paul (1) et saint Jacques (2), saint Pierre (3), saint Jean (4) et saint Jude (5), les Évangiles (6) et les épîtres (7), tous attendent et annoncent la fin prochaine du monde, les derniers temps, l'avénement glorieux du Christ.

Si les premiers chrétiens étaient d'accord sur ce point, en revanche, il en est un autre qui les divisait profondément, autour duquel gravitaient toutes leurs luttes et tous leurs efforts, et sur lequel repose toute leur histoire, c'est la valeur du mosaïsme, le rôle de la loi juive, la conduite à tenir vis-à-vis des païens. On sait que deux grands partis s'étaient formés, qui envisageaient cette grave question d'une manière absolument contraire. Les uns maintenaient la valeur obligatoire de la loi et de la circoncision, et voulaient que les païens devinssent Juifs pour entrer dans l'Église; les autres affirmaient l'abrogation de la loi, et proclamaient l'entière liberté des enfants de Dieu. C'était pour le christianisme primitif une question de vie et de mort; il fallait qu'il choisît, qu'il devînt une secte juive ou la religion universelle, qu'il s'éteignît dans l'é-

(1) Rom., xiii, 11. — I Cor., vii, 29. — xv, 51 (Actes xvii, 30, 31). — Philip., i, 6, 10. — iii, 20. — Col. iii, 4. — 1 Thess. iv, 15, 16, 17. — v, 2, 4, 23. — 1 Tim. iv, 1, II Tim. iii, 1. — iv, 1, 8, Tite, ii, 13.

(2) Jacq., v, 7, 8.

(3) Actes, iii, 20, 21, x, 42. 1 Pierre, i, 5, iv, 7, 17.

(4) Apocalypse depuis I, 1 à xxii, 20.

(5) Jude, v, 16, 17.

(6) Matth., xxiv, etc.

(7) Hébr., x, 37. 1 Jean, ii, 28, iii, 2, 3.

troite enceinte où les judaïsants voulaient l'enfermer, ou qu'il brisât les barrières de l'orthodoxie pour se répandre sur le monde. N'est-ce pas là la grande querelle qui remplit la vie et les écrits de saint Paul, et qu'on entrevoit à travers tous les livres du Nouveau Testament (1) et des premiers Pères ? N'est-ce pas là ce qui détermine la forme des discussions, des arguments, des doctrines du grand Apôtre des Gentils, aussi bien que de ses amis et de ses adversaires ? Rien de pareil au temps de la Réforme et dans les siècles qui l'ont suivie. L'époque était différente, le point de vue était changé. Quelle ressemblance pouvait-il y avoir entre la primitive Église, luttant péniblement entre le judaïsme et le paganisme, et plus qu'à demi engagée dans le premier, et le réveil religieux du xvie siècle au sein de l'Europe christianisée? Tout au plus pourrait-on saisir quelque analogie entre Paul et Luther, l'un combattant le parti judaïsant, l'autre la papauté. L'Église primitive ne connaissait pas la Trinité, ne soupçonnait guère les symboles composés sous les auspices de Constantin et de Théodose, et qui furent acceptés par les réformateurs ; elle n'avait pas derrière elle dix siècles de scolastique qui pèsent encore aujourd'hui sur nous; elle était plongée dans l'anarchie des doctrines, et l'expression de christianisme apostolique ne répond à aucune idée précise. Luther n'a pas reproduit le Christianisme de saint Jacques, ni Calvin le christianisme de l'Apocalypse, ni les dogmatistes du xviie siècle le christianisme de Jésus-Christ.

Rien de semblable non plus quant à l'organisation. L'Église primitive, noyée au sein des populations païennes dont elle était ignorée, s'attendant sans cesse à l'avénement du Christ, vivant au jour le jour, soit dans la com-

(1) En particulier : Epîtres aux Galates, aux Romains, aux Hébreux, Apocalypse, épître de Jacques.

munauté des biens, comme à Jérusalem, soit dans le dédain et la négligence des choses terrestres, suivant le conseil de saint Paul (1), livrée aux inspirations subites de ses membres (2), n'ayant ni des formes régulières de culte, ni une discipline arrêtée, ni une organisation fixe, n'a pas pu servir de modèle aux Églises de la Réforme, à l'épiscopat d'Angleterre, à la suprématie ecclésiastique des princes allemands, au Consistoire de Genève, aux synodes réformés, au recrutement du corps pastoral, aux facultés de théologie, aux règlements, aux liturgies, aux coutumes des diverses fractions du protestantisme. — Autres temps, autres mœurs. On n'a jamais vu le monde revenir en arrière, et aucune époque passée revivre une seconde fois. Toute restauration est une chimère. — Peut-on remonter le cours de l'histoire? Tout change avec le temps : les hommes et les choses, les dispositions et les circonstances. Quelques regrets que le passé puisse inspirer jamais, il faut renoncer à le reproduire. Le but est en avant. Le protestantisme n'est pas une rétrogradation de quelques siècles; il est un événement considérable et nouveau, un progrès du genre humain.

Si nous remontons aux origines de la Réforme, nous y trouvons ce principe universellement admis, et qui est comme le cri de ralliement de tous les protestants : le salut par la foi. C'est là le mot magique qui délivre Luther de toutes ses craintes, qui l'élève au-dessus de ses préjugés, qui lui permet d'affronter la puissance de l'empereur, les foudres du pape, la colère des prêtres et des moines, la superstition des peuples, qui fait de lui le héros de Worms et le grand docteur de Wittenberg. Qu'est-ce que cette foi

(1) I Cor., vii.
(2) I Cor., xii, xiv.

qui lui donne le salut? Ce n'est pas la croyance aux doctrines de l'Église, puisque Luther n'a pas tardé à rompre avec l'Église. Il s'est lui-même expliqué clairement : c'est la foi au pardon de ses péchés. Dans les jours où il était si troublé au couvent d'Erfurt par la crainte de l'enfer, un vieux prédicateur augustin le rassurait en lui parlant de la foi qui sauve, et le ramenait sans cesse à ce mot du symbole : *Credo in remissionem peccatorum* (1). Lorsque cette conviction que ses péchés lui étaient pardonnés fut bien entrée dans son âme, il eut la paix. Il apprit à se passer de l'absolution, à mépriser les œuvres méritoires, à juger peu à peu les pratiques et les enseignements de l'Église d'après cette foi dont il avait fait l'expérience, et qui suffisait à sa vie intérieure. Il croyait au pardon de ses péchés parce qu'il croyait à la miséricorde, à l'amour de Dieu, et cela se résumait pour lui dans le nom de Jésus-Christ. La foi en Jésus-Christ, c'est là le centre de sa vie et de sa doctrine. Saint Augustin disait : je ne croirais pas à l'Évangile si je n'y étais déterminé par l'autorité de l'Église (2). Luther ne pensait pas ainsi. Sa foi en Jésus-Christ ne reposait pas sur l'autorité de l'Église; elle était toute spontanée, irrésistible, si indépendante de l'autorité de l'Église, qu'elle lui devint même contraire et qu'il en secoua le joug au nom de sa foi. Ce sont les Écritures, c'est saint Paul qui lui parlent de Jésus-Christ; ce qu'ils en disent le touche, le convainc; l'enseignement de Jésus rapporté par les Évangiles, surtout l'œuvre de Jésus décrite par saint Paul, lui révèlent de Dieu, de la justice, du pardon, de l'amour, de la sainteté, une idée si puissante, qui répond si bien à ses besoins, au cri de sa conscience, au type de vérité qu'il

(1) *Melancht. Vita Lutheri.*

(2) *Ego vero Evangelio non crederem, nisi me catholicæ ecclesiæ commoveret auctoritas. (Aug. contrà epist. Manich. VI.)*

porte en lui-même, qu'il se sent gagné et qu'il donne pleinement son adhésion. C'est lui-même qu'il retrouve là, c'est sa pensée encore indécise, son sentiment mal défini, le vague désir dont il était tourmenté : cette religion est celle qu'il cherchait, qu'il pressentait. Le Dieu que saint Paul propose à son adoration et à son amour au nom de Jésus-Christ est le vrai Dieu, le Dieu saint mais bon, le Dieu juste mais compatissant, le Dieu redoutable et pourtant accessible aux pécheurs. A travers les formes rabbiniques des épîtres de Paul, au fond de tous ses syllogismes que Luther s'est appropriés, c'est bien la grande, l'éternelle parole de Jésus sur le Père céleste qui subsiste et qui règne. Cette parole fut le grand argument qui renversa les barrières du judaïsme ; elle fut la base de la religion nouvelle ; profondément enfouie sous les superstitions catholiques, elle fut pourtant de siècle en siècle la force et la consolation des âmes pieuses qui l'entrevoyaient vaguement. La foi de Luther en Jésus-Christ, c'est la foi en sa parole persuasive, en sa religion spirituelle, en son Père céleste, la foi en un Dieu qui pardonne parce qu'il aime, et qui pardonne gratuitement parce qu'il est trop bon et trop grand pour vendre sa miséricorde. C'est là, dépouillée de tout artifice de langage et de tout échafaudage de doctrines, la foi chrétienne qui fut la foi de Luther. « Se confier en Dieu et avoir bonne conscience, s'écriait-il, voilà la vraie foi (1). » Zwingle l'entendait de la même manière : « Mettre en Dieu sa confiance et vivre saintement, c'est là être chrétien : *Deo fidentem esse ac sanctum, hoc erat Christianum esse* (2). »

Ainsi la foi chrétienne, c'est-à-dire le sentiment religieux tel qu'il est déterminé dans ses traits fondamentaux par l'enseignement, l'influence, l'esprit de Jésus-Christ,

(1) *Lutheri oper. Erl. XV*, p. 402.
(2) *Zwing. De vera et falsa relig. Oper. III*, p. 240.

voilà le dernier fond du protestantisme. Sur tout le reste il
y a diversité; sur ce point il y a accord. Ici se trouve un
élément durable, indestructible, qui fait partie de la nature
humaine : le rapport filial, libre et joyeux de l'âme avec
Dieu. C'est là la source que Jésus a fait jaillir dans le cœur
des siens et qui doit couler jusque dans la vie éternelle;
c'est là la religion suprême, définitive, qui portera toujours
son nom et que les générations se transmettront l'une à
l'autre comme le plus cher trésor de l'humanité. Si l'on
veut que le protestantisme soit un retour à la foi primitive, c'est jusque là qu'il faut remonter, au delà des
disciples, au delà des apôtres, jusqu'à Jésus lui-même.
Mais la doctrine de Jésus est de telle nature qu'elle n'appartient pas à un âge plutôt qu'à un autre, qu'elle est de
tous les temps, qu'elle est la vérité pour le passé comme
pour l'avenir, et que, dans sa simplicité, elle est toujours
jeune et toujours nouvelle.

Un écrivain sacré dit que Jésus nous a ouvert libre accès
auprès du Père (1). C'est ce libre accès, fermé par les
constructions gothiques de l'Église, que la Réforme a rencontré de nouveau et rouvert aux âmes. La liberté des
enfants de Dieu, manifestée par Jésus-Christ, proclamée
par saint Paul, Luther la retrouve, la pratique, la prêche,
la répand; il va à Dieu directement, il supprime tout intermédiaire; d'un bond de son âme, il s'élance dans les bras
du Père; il est pardonné, justifié, sauvé, entré dans une
vie nouvelle, devenu un homme nouveau. Quel gage en
a-t-il? Lui-même! sa conviction, sa conscience, sa foi!
« Personne, dit-il, ne peut savoir s'il est en grâce auprès de
Dieu, si ce n'est par la foi. Si on a la foi, on est sauvé, si
on ne l'a pas, on est damné (2). » Qu'y a-t-il de plus libre,

(1) Ephès. ii, 18.
(2) Luther. *Ses opinions réligieuses et morales*, par Schwalb, p. 33.

de plus indépendant, de plus personnel qu'une telle foi?
Ce n'est pas un ensemble de doctrines, un enchaînement
d'idées ou de faits, un système ; c'est un instinct, un élan,
une conviction spontanée, tout ce qu'il y a de plus intime
et de plus délicat dans l'homme, un sentiment que nul au
monde ne saurait imposer à d'autres, que nul ne peut
réglementer. En définitive, c'est l'homme religieux se ser-
vant à lui-même de loi, de témoignage, de juge ; c'est l'âme
maîtresse d'elle-même, face à face avec Dieu ; c'est la conscience émue au contact de Jésus-Christ, et lui disant : « Ta
parole est la vérité ! » C'est la raison convaincue, le cœur
touché, l'homme remué dans ses profondeurs, se donnant
à Dieu librement, et saisissant avec hardiesse les biens
invisibles. Plus de maître, plus de tutelle, plus de média-
teur humain : l'âme et Dieu !

C'est ce sentiment qui explique toutes les manifestations
du protestantisme, les plus fougueux accès d'indépendance
aussi bien que la soumission la plus humble aux textes de
l'Écriture. Nulle autorité que la parole de Dieu ! Nulle con-
trainte sur les âmes ! Nul intermédiaire entre Dieu et
l'homme que la foi ! Le protestant croit à ses risques et
périls ; il accepte la responsabilité de ses croyances ; il
admet l'adage de Luther, qu'il sera fait à chacun selon sa
foi. *Sicut credit unus quisque, sic fit ei* (1). Ce n'est plus
l'Église qui est responsable, c'est l'individu. Voilà ce qui
est nouveau dans le monde religieux. La parole de Jésus,
l'exemple de saint Paul avaient été infructueux à cet égard.
L'Église, à peine formée, s'était mise à suivre les errements
de la synagogue, était devenue à son tour une société
étroite et toujours plus oppressive. Elle prétendit étouffer
dans son sein toutes les divergences, imposer à chacun de

_____

(1) *Luth.*, oper. lat. I, p. 87.

ses membres ce qu'il fallait croire, sous peine d'exclusion d'abord, et plus tard, quand elle eut la force, sous peine de châtiment. Ce droit semblait si naturel, que les hérétiques ne le contestaient pas ; loin de réclamer pour eux-mêmes, comme l'indiquait le beau nom qu'on leur a donné, la liberté du choix, ils se prétendaient les possesseurs de la vraie tradition et par conséquent de l'autorité en matière de foi. De l'avis de tous, l'autorité résidait dans la collectivité, et l'on peut suivre dès les premiers jours, dans toutes les sectes, dans les écrits de tous les Pères, le développement du principe catholique qui prend sa forme définitive sous la plume de Vincent de Lérins, au v° siècle : *Quod ubique, semper et ab omnibus creditum est* (1), la vérité est ce qui a été cru par tout, par tous et toujours, la foi collective est la seule vraie. L'individu doit s'effacer et disparaître dans le vaste ensemble ; l'Église se charge de lui. Le protestantisme pose le principe contraire : l'individu est responsable. Il ne s'agit pas pour lui de ce qui a été cru par les autres, mais de ce qu'il faut croire lui-même ; ce qui importe, ce ne sont pas ses rapports avec la tradition, avec la majorité, avec l'Église, mais ses rapports avec Dieu.

La souveraineté de la foi individuelle, substituée à l'autorité de la foi collective, voilà le principe nouveau, fondamental, la raison d'être du protestantisme. Prenez l'un après l'autre tous les héros de la Réforme, et vous les verrez affirmer par leurs paroles et par leurs actes ce principe si simple, si hardi et si fécond. C'est au nom de leur conscience éclairée par l'enseignement de Jésus-Christ, par la parole de Dieu, c'est au nom de leur conviction personnelle, qu'ils s'affranchissent de la tradition, de l'autorité extérieure, des décisions expresses de l'Église ; ils brisent

---

(1) *Commonit. pro cath. fide*, anno 434.

l'antique règle de la catholicité, ils mettent à la place la persuasion de l'âme. Toute la vie de Luther en est une démonstration; il suit son sens propre contre l'Église et contre ses propres amis. Sans doute il s'incline devant les Écritures, et semble, en maint passage, se soumettre aveuglément à leurs moindres paroles; mais nous savons comment il les jugeait à l'occasion, et savait écarter les livres qui blessaient sa foi. Il reconnaît l'autorité des apôtres; mais il sait aussi, quand elle le gêne, la réduire à de modestes proportions : des adversaires lui opposaient, par exemple, l'épître de saint Jacques en faveur du sacrement de l'Extrême onction; il répondit : « Quand bien même cette épître serait de l'apôtre Jacques, je dirais qu'un apôtre n'a pas le droit d'instituer un sacrement de son autorité privée. Cela n'appartenait qu'au Christ (1) ! » L'autorité même du Christ le trouvait incertain : il la plaçait tantôt dans ses paroles, tantôt dans ses actions. « Si l'exemple du Christ est contraire à une doctrine, dit-il quelque part, c'est qu'évidemment cette doctrine n'est pas bonne (2). » Et pourtant il écrit ailleurs : « Si on te dit : Jésus a fait ceci, Jésus a fait cela, réponds hardiment : oui, mais l'a-t-il aussi enseigné (3)? » En définitive, la véritable autorité pour lui, malgré des apparences contraires, c'est le Christ intérieur, le Christ qui enseigne dans le cœur (4), c'est-à-dire la conscience chrétiennement inspirée, la foi vivante et personnelle. C'est là la lumière qui dissipe les obscurités, qui calme les angoisses, qui assure de la présence et de l'approbation de Dieu. — Il en est de même

----

(1) *Si etiam esset apostoli Jacobi, dicerem non licere apostolum sua auctoritate sacramentum instituere. Hoc enim ad Christum solum pertinebat. (Prælud. de captiv. Babyl. eccles. De sacr. extr. unct. 1520.)*

(2) *Luth. oper. Erl. XXIV*, p. 82.

(3) L. c., p. 196.

(4) « *Christus lehret uns inwendig im Herzen.* » Id. XXVII, p. 113.

aux yeux de Zwingle. D'après lui, l'autorité réside dans le sens intérieur et spirituel du chrétien. Le critère de la vérité n'est pas l'universalité ou la perpétuité, l'accord avec la tradition de l'Église ou même avec l'Écriture, mais la conformité avec le principe qui domine toute la vie du croyant : la gloire de Dieu. Toute doctrine qui rapporte l'œuvre du salut à Dieu seul est vraie; toute doctrine qui amoindrit la gloire de Dieu en relevant l'œuvre de la créature est fausse (1). Rien de plus personnel que de telles appréciations. L'autorité de la foi collective est supprimée; la foi, le salut, l'Évangile subsistent indépendamment de l'Église. C'est ce que Zwingle affirme avec énergie dans la première des 67 thèses qu'il proposa à la dispute de 1523 : « Tous ceux qui disent que l'Évangile ne peut se passer de la caution et de l'autorité de l'Église, sont dans l'erreur, et blasphèment contre Dieu (2)! »

Calvin fonde son système tout entier sur la révélation contenue dans les Écritures saintes; mais ces Écritures saintes, il ne les accepte que sur le témoignage intérieur du Saint-Esprit; ce n'est pas la tradition ecclésiastique, ce n'est pas le nom des auteurs, ce n'est pas la valeur logique de leurs enseignements qui leur confèrent l'autorité dont elles jouissent, c'est l'impression qu'elles produisent sur es consciences, leur conformité avec le sentiment religieux, l'adhésion spontanée qu'elles provoquent chez le fidèle. L'*Institution de la religion chrétienne* le déclare en termes formels (3), et la *Confession de foi des Églises réformées de France*, écrite sous la direction, sinon par la plume même de Calvin, le répète expressément : « Nous connais-

____

(1) *Comment. de ver. et fals. relig.* III, 132.

(2) « Alle so redend, das Evangelium sei nut ohn die Bewœhrnis der Kilchen, irrend und schmœhend Gott. »

(3) I, c. 8.

sons ces livres être canoniques, et la règle très-certaine de notre foi, non tant par le commun accord et consentement de l'Église, que par le témoignage et persuasion intérieure du Saint-Esprit, qui nous les fait discerner d'avec les autres livres ecclésiastiques (1). » Au-dessus donc du commun accord de l'Église, au-dessus de la foi collective, il y a la persuasion intérieure; c'est le tribunal suprême, le juge souverain. Le tact spirituel du chrétien lui fait discerner ce qui doit être la règle de sa foi; il puise la certitude dans l'inspiration de sa conscience. Nulle autorité ne peut prévaloir sur la foi individuelle.

Dès lors le protestantisme n'a plus besoin des représentants de la foi collective, autrement dit d'un clergé quelconque. Il est éminemment laïque, c'est-à-dire qu'il est le partage de tous, sans distinction d'origine ou de fonctions. Tous ceux qui croient d'une foi personnelle, non reçue mais acquise, ceux-là sont prêtres, rois et papes, non qu'ils soient appelés à régir la foi d'autrui, mais ils sont souverains pour ce qui les regarde. Ils ne pourront plus souffrir que rien s'interpose désormais entre eux et la vérité qu'ils ont commencé à saisir, ni qu'aucune autorité, parlée ou écrite, prétende faire violence à leur raison, à leur cœur, à leur intime conviction. Affranchis au plus profond de leur être, ils sont véritablement libres; ils se dégagent peu à peu de tous les liens qui les retenaient sous une domination étrangère. L'Église avait violemment séparé la vie religieuse de la vie séculière; le protestantisme a fait disparaître ce dangereux divorce, par le seul fait qu'il a rendu leur liberté aux diverses tendances de l'âme; il a rétabli l'unité de la vie humaine en plaçant dans l'homme même, et non plus en dehors de lui, le

______

(1) Art. IV.

vrai régulateur de toutes ses actions. La liberté s'est as-
sise au foyer de la conscience ; elle se développera peu à
peu dans toutes les directions, d'autant plus sûrement
qu'elle s'est établie en un point d'où aucune force ter-
restre ne peut plus l'expulser.

Libre, là où il importe le plus de l'être, c'est-à-dire dans
ses rapports avec Dieu, l'individu peut prendre son essor
dans toutes les régions de la science et de l'activité humaines. Il est sûr de son Dieu, il ne craint pas qu'aucune
étude, aucune découverte, aucune application légitime de
ses facultés puisse lui ravir sa foi, qui est sa vie même.
Aussi, non-seulement le protestantisme, en vertu de son
principe, unit intimement l'élément religieux et l'élément
moral ou séculier, c'est-à-dire pénètre et remplit de religion toutes les mœurs du croyant, mais il est encore, en
vertu de ce même principe, un ferment de progrès dans le
monde. Si le protestantisme était une doctrine close, imposée aux âmes isolées au nom d'une majorité compacte,
il finirait par se trouver, à un certain moment, en opposition avec le reste des connaissances humaines, qui vont
toujours en se modifiant. Sa doctrine demeurant immo-
bile, et le monde continuant à marcher, il y aurait à la
longue un écart plus ou moins considérable entre les deux.
Mais s'il est vrai que le protestantisme n'est autre chose
que la foi chrétienne assimilée par l'individu, la foi religieuse personnelle, la piété libre, et s'il est vrai, d'autre
part, que le monde, incessamment en marche, se compose
d'individus qui, selon leur nature, suivent ou conduisent
cette marche universelle, qui ne voit aussitôt que le protestantisme est lui-même le progrès religieux, c'est-à-dire,
la religion individuelle se développant à mesure que la
société tout entière se transforme et se développe? C'est
justement lorsqu'un progrès religieux fut devenu néces-

saire que la Réforme a éclaté ; le protestantisme n'a pas voulu autre chose à son origine, que mettre le christianisme au niveau des besoins et des idées du XVIe siècle ; il a été un progrès sur le passé ; il s'est développé lui-même depuis ce temps ; et aujourd'hui encore, il marche avec le genre humain tout entier. Le vrai protestant ne se repose pas sur les autres du souci de la vérité et du salut ; il sait qu'il est seul responsable devant lui-même et devant Dieu, et le sentiment qu'il a de cette responsabilité si haute l'empêche de s'arrêter jamais dans une ⟨ ⟩ re satisfaction. Le protestantisme est donc, par sa nature, susceptible de progrès indéfinis, c'est-à-dire de tous les progrès que l'humanité religieuse est appelée à faire ici-bas.

Je m'excuserais plus vivement auprès de vous, Messieurs, de l'étendue trop considérable que j'ai donnée à cette partie de mon rapport si je n'avais le sentiment que c'est là le point le plus important et le plus digne d'occuper nos pensées. Si nous étions tous d'un même avis sur les principes constitutifs du protestantisme, nous ne ne pourrions guère différer que par des détails sur les parties qui vont suivre, et qui nous retiendront moins longuement.

II

Nous avons à rechercher maintenant quel est *l'état actuel des esprits*. Rien de plus difficile à déterminer avec exactitude pour un contemporain. Chacun voit dans son siècle ce qu'il désire y voir. On vit d'illusions. Ou bien l'on apporte un esprit chagrin qui met tout au pire. Et puis, bien des signes sont trompeurs. Les partis les plus bruyants ne sont pas toujours les plus importants ni les plus durables. Il y a des institutions qui semblent d'une inébranlable solidité jusqu'au jour où leur brusque décadence et leur chute rapide surprennent tous les regards. L'opinion publique est chose variable, incertaine ; c'est un bruit confus formé par une multitude de sons divers. Celui qui se trouve au milieu de ces voix discordantes risque d'en être assourdi : il faut se placer à distance pour mieux saisir le sens général et les bruits dominants : cela n'est guère possible qu'à la postérité. — Je me bornerai donc à relever quelques traits saillants de la physionomie de notre époque, au point de vue qui nous occupe ici.

Je suis frappé d'abord de la généralité et de la persistance des protestations libérales de notre génération. Revenant sur ses impressions précédentes, elle croit s'apercevoir que la liberté est un bien précieux et inaliénable, qu'elle est le remède à beaucoup de maux, le préservatif de la décadence, la meilleure garantie de la dignité morale, le solide fondement de la paix, et, par conséquent, de la civilisation elle-même. Le sentiment public est si fort sur ce point que presque tous sont entraînés. De toutes parts la liberté est encensée, invoquée, promise ; tous affectent de la respecter, de l'aimer, de l'avoir ou de la désirer. Nul ne la dédaigne, ne la méprise, ne l'injurie : le temps en est passé. Le nom de libéral est un honneur réclamé par ceux mêmes qui y ont le moins de droits, et le libéralisme est la prétention universelle. Nous n'avons pas à rechercher ici les causes de cet heureux revirement, mais seulement à le constater. Qu'il s'agisse du fonctionnement de la vie publique, ou de l'art, ou de la littérature, ou de la science, du commerce ou de la philosophie, de l'industrie ou de l'enseignement, les esprits sont impatients de tutelle ; ils réclament l'affranchissement, le libre mouvement des intérêts, des volontés, des intelligences. Comme on veut la morale indépendante, on veut

aussi la science indépendante, la philosophie indépendante, l'histoire indépendante ; on rejette l'autorité des
systèmes, des traditions, des corps officiels, des ortho-
doxies. Partout dans le domaine intellectuel, l'initiative
privée cherche à se frayer passage, et repousse de l'épaule
les gardiens constitués de l'ancien état de choses. Quelques-
uns en gémissent, ils disent : « C'est la confusion des esprits ;
toute royauté est bafouée, toute supériorité est méconnue,
toute hiérarchie est renversée, tout ordre est compromis,
toute vérité est livrée au caprice ! » Mais qu'on s'en afflige
ou qu'on s'en réjouisse, il faut le reconnaître : les sympa-
thies des plus intelligents et des plus généreux sont du
côté de la liberté. Libre pensée, libre conscience, libre
recherche, voilà des expressions au moyen desquelles on
est sûr d'attirer l'attention, quitte à ne pas s'en montrer
digne ensuite. C'est surtout dans les questions scienti-
fiques, religieuses, morales, que l'indépendance paraît aujourd'hui obligatoire. Parlez au nom de la tradition, on ne
vous écoutera pas ; invoquez les autorités les plus considérables, on détournera la tête. On veut être sûr que
celui qui prend la parole ou la plume est dégagé de tout
servage ; on croit que la vérité est à ce prix. Vous ne ren-
contrerez même pas, de nos jours, de grandes écoles, des
maîtres reconnus, de fidèles disciples : on ne veut pas plus
l'autorité d'un nom que celle d'un clergé ; on suspecte
autant les fervents adeptes d'un homme ou d'une doctrine
que les fils dévoués de la sainte Église. Dites que cela est
de l'orgueil ; dites qu'il n'y a pas de chefs d'école parce
qu'il n'y a pas d'esprits éminents et originaux, dites que
tout cet étalage d'indépendance n'a encore produit aucun
résultat, et que, ni la vie pratique, ni le monde intellectuel n'y ont gagné grand chose : vous aurez peut-être
raison. Mais ce fait n'en subsiste pas moins : la liberté la

plus complète paraît aux hommes de notre génération la condition indispensable pour parvenir dans tous les ordres à la vérité.

Si l'Église catholique jouit actuellement en France d'un crédit qui va chaque jour s'amoindrissant, ce n'est pas tant à cause de telle ou telle doctrine bizarre et inacceptable, de telle ou telle conception arriérée, de tel ou tel scandale, mais parce qu'elle est obstinément et foncièrement hostile à la liberté. On est assuré d'avance qu'elle ne sera impartiale dans aucune question, que ses intérêts ne sont pas ceux de la vérité, qu'elle aspire à commander plus qu'à convaincre, qu'elle est l'alliée, le soutien naturel de tous les despotismes, ou plutôt qu'elle en est elle-même le modèle le plus achevé. Chose étrange et qui peint la situation, l'Église catholique, dans les embarras où elle se trouve aujourd'hui, ne peut plus plaider sa cause devant le monde qu'en invoquant la liberté, sa mortelle ennemie. Par un insolent sophisme, c'est au nom de la liberté qu'elle prétend conserver son dernier lambeau de pouvoir temporel, malgré les dénégations frémissantes de ceux qu'elle veut obliger à le subir. — Au siècle dernier, l'Église avait contre elle les beaux esprits et un petit nombre d'hommes sensés ; aujourd'hui une indifférence universelle, insurmontable, accueille ses déclamations, et la formidable puissance des Innocent III et des Grégoire VII s'effondre à côté de nous sans que le faible bruit de cet écroulement se fasse seulement entendre. Ni le public lettré, ni la masse de la population, ne s'en laissent émouvoir ; on a d'autres intérêts et d'autres soucis ; la papauté n'inspire plus, sauf quelques exceptions qui étonnent, ni haine ni amour : la société moderne est occupée ailleurs ; elle laisse de côté cette vieille prison inoffensive ; elle cherche la vie, la vérité, l'avenir, au grand air de la liberté.

N'est-ce pas à cette tendance libérale qu'il faut attribuer aussi le mouvement actuel en faveur de l'instruction publique? Il y a là un signe des temps que nous ne pouvons pas négliger. Il en est aujourd'hui de l'instruction comme de la liberté; nul n'ose s'en déclarer ouvertement l'adversaire; tous font profession de la désirer et de travailler à la répandre; on ne discute plus que sur les moyens, sur les ressources, sur l'opportunité des mesures, non sur le principe, sur la nécessité. On reconnaît l'urgence d'une amélioration rapide dans la situation intellectuelle de notre pays : il faut arracher le peuple à ses ténèbres, à son enfance prolongée, à la tutelle de ceux qui s'imposent à lui pour abuser de sa crédulité, pour confisquer sa volonté, pour neutraliser sa force. Il faut que chacun devienne apte à juger par lui-même. Il faut préparer des pères et des mères de famille instruits de leurs devoirs, des citoyens connaissant leurs droits, une France qui ne demeure pas si profondément au-dessous du niveau de quelques provinces allemandes. Tel est le sentiment général. De là la création de nombreuses écoles, les efforts en faveur de la gratuité, la fondation des bibliothèques, l'ouverture des cours d'adultes, des conférences libres ou officielles, de là cette agitation salutaire autour de toutes les questions relatives à l'instruction publique. Qu'il y ait en tout cela plus d'apparence que de réalité, je le veux bien. Mais ne prenons pas plaisir à dénigrer notre temps ; sachons en voir les hideux côtés, sachons aussi en apprécier les saines aspirations et les heureux progrès, quelque faibles qu'ils soient encore.

Un autre trait de la situation actuelle des esprits, c'est le besoin de connaissances positives. Les sciences mathématiques et naturelles sont à l'ordre du jour; la chimie, la physique, la physiologie et toutes les études qui s'y rapportent jouissent actuellement de la faveur publique, moins peut-être à cause des avantages matériels qu'elles procurent et des carrières dont elles ouvrent l'accès, que par leur objet en lui-même et pour leur méthode. Elles offrent un caractère de certitude; elles s'appuient sur l'expérience; on y avance d'un pas sûr; elles enseignent des vérités incontestables, toujours plus claires, les seules qui ne laissent pas de prise au doute. Après tant de déceptions, tant de rêves, tant de constructions chimériques, tant de courses inutiles dans un monde imaginaire, on veut maintenant la réalité palpable, convaincante; les esprits les plus éminents de notre époque se livrent aux sciences expérimentales; tout le génie contemporain s'y applique; il y a entraînement. Aussi font-elles chaque jour d'étonnants progrès, et l'on peut presque dire, sans trop se hasarder, qu'elles ont fait plus de conquêtes dans ces cinquante années qu'en cinquante siècles.

La philosophie elle-même, ou du moins ce qui en reste parmi ce goût général pour les sciences positives, participe au même caractère; elle se vante aussi d'être positive, elle écarte comme vaines hypothèses, les problèmes de la métaphysique; elle veut s'en tenir à l'expérience, aux faits, aux réalités concrètes; l'école de philosophie qui a rallié le plus de suffrages, qui est le plus spontanément sortie du fond de la pensée contemporaine, qui répond le mieux aux instincts, aux besoins, à la situation de notre époque, s'est appelée le *positivisme*, et quoiqu'elle n'ait pas gagné à ses idées particulières tous ceux qui s'y intéressent, on ne peut pourtant pas nier qu'elle ne soit parfaitement dans le courant du siècle. La philosophie dite spiritualiste n'a pas non plus échappé à ce courant; elle a restreint son domaine à la psychologie, à l'étude des facultés humaines, à la morale pratique ; le temps des vastes systèmes, des théories ambitieuses est passé. L'être et le non-être, les catégories logiques, les hautes spéculations de la raison pure ont fait place presque entièrement à des préoccupations plus humbles, à des travaux plus utilitaires; la philosophie proprement dite, avec son cortége d'hésitations, d'incertitudes, de nuages, a cédé le pas à l'économie politique et sociale, à la statistique. Les économistes sont les philosophes de notre temps.

Constater les faits, les critiquer, les grouper, telle est la tâche que nous semblons avoir reçue. Aussi est-ce aujourd'hui le règne de l'histoire, car l'histoire consiste justement à constater et à juger les faits du passé. L'histoire, telle qu'elle se produit maintenant, peut prendre rang parmi les sciences expérimentales et positives. Elle procède avec une rigueur qu'on ne lui connaissait pas ; elle exhume sans pitié tous les débris des âges ; elle fait comparaître à sa barre toutes les grandeurs, toutes les gloires, et leur demande un compte minutieux de leurs titres; elle a su s'affranchir de la convention, du préjugé, du parti pris, dissiper de vains prestiges, confondre d'odieuses calomnies, réduire à leur petite mesure de hautaines autorités dont la postérité même n'avait pas secoué le joug. L'histoire a entrepris de nos jours une œuvre de réhabilitation et de justice : impartiale, exacte, sévère, elle est un puissant instrument de vérité ; aussi jouit-elle d'une grande et légitime influence sur nos contemporains.

Trop souvent sans doute, emportée par la tendance du siècle vers les faits au détriment de l'idée, l'histoire dégénère en simple érudition, en archéologie, en chronique. Mais quand elle s'inspire de la critique, et qu'elle s'élève à la hauteur de la conscience, elle est l'une de premières puissances du temps actuel.

Je ne suivrai pas ces instincts *positivistes* de notre époque jusque sur le terrain du théâtre ou du roman, qui sont pourtant dans une certaine mesure le miroir de la société. Nous sommes loin des années où le public se passionnait pour la poésie, pour l'art, pour ou contre des théories littéraires. Il faut aujourd'hui des faits, des réalités, des peintures dont on puisse toucher de la main les modèles, dont la vérité soit criante.

Un trait plus digne de remarque et plus important, c'est l'intérêt croissant de nos contemporains pour les questions religieuses. Au temps de la Réforme, la religion était tout, elle absorbait tous les esprits, et s'était imposée comme un pressant motif de préoccupation, même aux frivoles sujets de François Ier. On sait les guerres dont elle fut l'occasion en France, et la paix forcée où tout souci religieux vint s'endormir à l'ombre de l'unité catholique dont Louis XIV fut le plus illustre dévot. A cette soumission succéda l'hostilité railleuse du XVIIIe siècle ; la religion passe pour un tissu de mensonges, un instrument d'oppression, un objet d'horreur ; il n'y a pas pour elle assez de haines et de sarcasmes : car la religion, c'est l'Église, et l'Église, c'est l'ennemie du genre humain. La réaction dans laquelle notre pays se laissa entraîner à la fin de la période révolutionnaire, par surprise, par lâcheté ou par fatigue, reprenant peu à peu les institutions du passé, tenta aussi de restaurer la religion par voie d'autorité. La mode s'en mêla, et l'on vit Châteaubriand jeter des fleurs de rhétorique sur les autels relevés par les mains de Bonaparte. Le régime impérial et la Restauration méritèrent bien de l'Église romaine. Après Joseph de Maistre et M. de Bonald, surgit toute une pléiade d'auteurs catholiques ; la religion fut bien en cour ; le Saint-

Sacrement obtint la haute protection des pairs; la dévotion tint lieu de lumière et de capacité; il y eut assaut de piété aux abords des emplois publics. Mais ce feu de paille s'éteignit bientôt; et l'on vit, après cette aveugle restauration, combien peu la religion avait de racines dans les cœurs; on n'en parla plus, ni en bien, ni en mal; on l'enveloppa de silence; les tentatives de l'abbé Châtel et du saint-simonisme provoquèrent le sourire; les éloquentes diatribes de M. de Lamennais ne parvinrent pas à réveiller la morne et fatale indifférence de tous en matière de religion. Ce sentiment s'est longtemps conservé, et naguère encore, il était de mauvais ton et de mauvais goût de revenir sur ce sujet délaissé, étranger à la vie commune, et bon tout au plus pour les théologiens de métier.

Qu'il en est autrement depuis quelques années à peine! La question religieuse est maintenant une des plus actuelles : on s'en occupe partout, aux points de vue les plus divers; elle est à l'ordre du jour de la discussion publique. Les livres, les revues, les journaux s'en sont emparés; non-seulement les organes spéciaux, mais les feuilles philosophiques, politiques, littéraires, lui font une large place dans leurs colonnes; les éditeurs accueillent volontiers et sollicitent même les travaux qui répondent à ce goût du jour. Est-ce une vogue momentanée, un caprice et rien de plus? Je ne le crois pas. — La question religieuse, dans les termes où elle a été posée de nos jours, est de celles qu'on ne peut plus laisser avant de l'avoir résolue. — Ouverte par la curiosité, qui aujourd'hui s'enquiert de tout, avivée et soutenue par les événements politiques, popularisée par des livres qui doivent une grande part de leur succès à la violence des dénonciations cléricales, elle s'est changée en une sorte de préoccupation inquiète, d'un ordre plus relevé que la controverse vulgaire.

La société laïque ne se fait plus des études religieuses une arme (si efficace pourtant) contre les prétentions et les enseignements du clergé. Le côté polémique s'efface de plus en plus. On sent d'instinct que la victoire est gagnée; sinon encore dans les faits et vis-à-vis de la foule, du moins en principe et pour tous les esprits cultivés.

Aussi longtemps qu'il s'agissait de combattre, la religion portait la peine des folies et des crimes que le passé avait abrités sous son nom; elle recevait les coups dirigés contre ceux qui s'en disaient les uniques représentants et interprètes. Maintenant on a appris à distinguer, ou du moins l'on commence à entrevoir une distinction entre la religion chrétienne et ses prétendus défenseurs; on la juge avec plus d'équité, plus de vrai respect, plus d'intelligence. Mais on se demande quelle place elle peut encore occuper dans le monde moderne, si elle n'appartient pas définitivement au passé, si elle ne doit pas disparaître avec les illusions et les conceptions d'autrefois. Un fait est certain, c'est que le monde s'est transformé, c'est qu'il y a des idées, des croyances jadis universellement admises, qui sont maintenant inadmissibles, c'est que la science moderne, et par conséquent la civilisation moderne, reposent sur des principes absolument contraires aux théories et aux systèmes de nos aïeux. Il est impossible de revenir là-dessus. On ne fait pas rentrer le chêne dans le gland dont il est sorti. Si la religion chrétienne est en arrière, si elle fait partie de ces choses passées, si elle ne peut s'accommoder du présent, si elle est forcément hostile ou étrangère au monde moderne, le monde moderne se passera d'elle. C'est là le sentiment actuel; un observateur impartial ne saurait s'y méprendre. Et pourtant il est dur de se passer de religion, de renoncer à l'espérance, à la foi, à la piété. Les problèmes religieux reviennent sans cesse :

chassez-les du domaine public, ils se dressent devant l'âme dans ses heures de solitude ou d'angoisse. Qu'en faut-il penser? Comment concilier les exigences absolues de l'esprit moderne avec ces réclamations du sentiment intime ? Celles-ci sont-elles des chimères qu'il faut dissiper, ou la religion est-elle vraiment compatible avec le monde nouveau dans lequel nous sommes appelés à vivre? Quel est sur ce point l'état des esprits ? Deux classes de gens nient la possibilité d'un accord : ce sont les partisans de l'orthodoxie et les adversaires de la religion, les dévots et les athées. Ils en sont encore à la vieille guerre. Le plus grand nombre de nos contemporains demeure en suspens ; selon les circonstances et les caractères, on incline un peu plus d'un côté ou de l'autre; on attend, on prête l'oreille. Quelques-uns enfin essaient, cherchent la conciliation entre ces deux grandes puissances dont la lutte est si funeste au développement normal de la société humaine : ceux-là, on les écoute, on les suit avec bienveillance, on lit leurs ouvrages, on pèse leurs raisons : à la profonde indifférence en matière de religion succède une curiosité intelligente et une sympathie dont nous sommes tous témoins. Quand la question religieuse est agitée devant nos contemporains, combien n'y en a-t-il pas qui pensent aussitôt : « Ceci mérite l'attention : *Tua res agitur!* » — Une grande attente est née. Sera-t-elle déçue?

III.

Messieurs, après avoir examiné quelle est l'essence du protestantisme et quel est l'état actuel des esprits, notre tâche est presque achevée. Les conclusions se présentent d'elles-mêmes. Il ressort clairement de ce que nous avons vu, que « le protestantisme est la religion des temps modernes, » qu'il est appelé à satisfaire les besoins pressants de notre époque, qu'il le peut et qu'il le doit.

Il faut, avant tout, qu'il donne satisfaction aux besoins religieux de nos contemporains. L'homme ne peut pas se passer de religion, la société moderne ne peut pas répudier ses principes. C'est à nous qu'il appartient de montrer que la vraie religion est de tous les temps, et que loin d'être contraire aux principes de la société moderne, elle leur est éminemment favorable. Mais il nous appartient aussi de montrer que l'esprit moderne n'est pas nuisible à l'esprit religieux. Prenons garde, sous prétexte de nous rapprocher du monde qui nous entoure et de mettre la religion à la portée de nos contemporains, de la laisser échapper nous-mêmes, et de n'en plus retenir que l'ombre. Prenons garde, au milieu des controverses du jour, d'oublier la vie intérieure et recueillie, la piété personnelle et vivante qui est la raison d'être du protestantisme. C'est parce que nous tenons à la religion que nous sommes protestants ; c'est parce qu'elle est à nos yeux la chose nécessaire, l'affaire importante de la vie, qu'au lieu de nous en remettre à autrui de ce qui la regarde ou de la reléguer parmi les objets indifférents, nous avons à cœur de penser et de croire par nous-mêmes ; c'est parce que nous connaissons le prix de la religion, que nous désirons la répandre. Le devoir capital pour des protestants est donc, aujourd'hui comme jadis, d'être avant tout des hommes de piété, des hommes de prière, comme le furent Luther et Calvin, des hommes de dévouement, de charité, montrant leur foi par leurs œuvres. Il y a une sainte austérité qui n'éloignera pas de nous la sympathie, mais qui nous la gagnera au contraire. Nous ne sommes pas une école de philosophie, un parti politique, une société de libres penseurs : nous sommes et voulons être des chrétiens, des disciples de Jésus, des hommes qui cherchent par dessus toutes choses le royaume des cieux et sa justice. Si nous avons honte de l'Évangile de Christ, si nous négligeons la prière, si nous préférons la polémique à la piété et la vie facile à l'humble et dur labeur de la sanctification, par quels moyens remplirons-nous notre mission dans le monde, ou plutôt quelle mission nous reste-t-il à remplir?

Au lieu donc de nous quereller misérablement entre nous et de ravaler à de tristes questions personnelles les plus grands problèmes de l'humanité, au lieu de nous amoindrir dans de mesquines préoccupations d'amour-propre ou de parti, au lieu de rabaisser l'idéal religieux, levons nos cœurs en haut, retrempons-nous sans cesse aux sources de la vraie piété qui sont aussi celles de la charité, rivalisons de zèle, de noblesse, de désintéressement, de bienveillance, et nous aurons fait la plus grande et la plus belle partie de l'œuvre que nous avons à faire.

Mais nous devons pourtant nous souvenir que la piété protestante est essentiellement laïque, démocratique, profondément humaine, qu'elle doit se dépouiller de tout caractère ascétique et monacal. La Réformation a commencé à arracher la religion au demi-jour du sanctuaire pour la transporter sur les places publiques; elle a commencé « à défroquer les peuples » et à leur apprendre que la piété la plus fervente se concilie avec tous les devoirs de la vie sociale, avec la famille, l'industrie, le travail. Nous devons continuer cette œuvre, achever ce que nos pères ont entrepris, montrer par nos principes et surtout par notre exemple qu'au lieu de mutiler la nature humaine, le protestantisme, élève, agrandit, complète toutes nos facultés, qu'il est la religion des peuples intelligents et actifs, qu'il enseigne, non pas à séparer timidement le sacré du profane, mais à transformer tout ce qui passe pour profane en consacrant la matière et l'esprit, la nature et l'art, toutes les forces individuelles et sociales au triomphe du bien et du vrai, c'est-à-dire à l'avénement du règne de Dieu. La mission du protestantisme, sur ce point, est d'être fidèle à lui-même; en agissant ainsi, il se trouvera porté par les flots du courant moderne, en même temps qu'il servira à les contenir et à les diriger.

Le protestantisme est à l'aise devant la prédilection de notre siècle pour les sciences positives et expérimentales, car il ne veut rien non plus que de certain et qui soit tiré de l'expérience. La méthode expérimentale est la sienne. Il s'agit maintenant de l'appliquer avec rigueur. Notre devoir est de n'accepter et de ne professer que ce que nous trouvons dans notre expérience religieuse, et de rejeter le reste comme un bagage inutile. Il y a là une œuvre sévère, difficile, pénible parfois, mais devant laquelle nous ne devons pas reculer. Qu'on nous accuse de simplifier et d'atténuer la religion, peu importe : nous allons au fond, nous constatons ce que nous trouvons dans nos âmes, nous soumettons la tradition à notre propre expérience, nous écartons avec un soin jaloux les fictions, les illusions, les chimères, nous voulons uniquement la réalité authentique, la vérité vivante. Dans quelque ordre de connaissance que ce soit, le protestantisme, qui compte sur Dieu, ne redoute aucune découverte; au contraire, il les appelle toutes. Il sait par avance, par un acte de foi, qu'il n'a rien à perdre et tout à gagner par la science : la lumière est son élément; il souhaite avec ardeur de déchirer les voiles, de dissiper les ténèbres; toutes les vérités lui paraissent solidaires; chaque progrès le rapproche de Dieu. A la simple curiosité scientifique, qui pourtant a enfanté des prodiges, il substitue le devoir sacré de la recherche, et l'amour religieux de la vérité. Ce n'est pas pour lui affaire de science seulement, mais de conscience.

L'histoire en particulier offre un champ favorable aux travaux du protestantisme. Comme il n'est inféodé à aucun parti, à aucune nation, à aucune Église puisqu'il représente la conviction chrétienne individuelle et la recherche de la vérité, il aime à interroger le passé, si riche d'enseignements. Il a un intérêt particulier à connaître la vérité sur la personne de 'Jésus, sur l'œuvre des apôtres, sur la naissance des dogmes; il doit aussi dégager de toute obscurité les temps de la Réforme, mettre en pleine lumière les vertus et les travers des libérateurs de l'Église. Loin de nuire au protestantisme, c'est lui rendre service que de lui découvrir dans son histoire des erreurs ou des fautes; il sait que tout ce qui est humain est nécessairement imparfait, et que le caractère le plus manifeste de la vie, c'est le mouvement et le progrès. Notre mission à cet égard, Messieurs, est donc le travail, l'étude, l'impartialité, l'application rigoureuse des lois de la science, la recherche scrupuleuse et vigilante. Dans la grande enquête qui est ouverte aujourd'hui sur les origines, l'histoire, la valeur du christianisme, nous devons pousser les recherches plus avant et plus activement que tous les autres, sans crainte et sans trève. Au lieu de nous cramponner aux préjugés, de nous enfermer dans le parti pris, d'accueillir avec défiance les hardies investigations des chercheurs, soyons impitoyables pour tout faux-fuyant, toute mauvaise raison, tout fait contestable, toute théorie contraire aux données de notre propre expérience. A ce prix-là nous serons protestants, et nous remplirons une utile mission parmi nos contemporains.

Notre intérêt comme notre devoir est non-seulement de faire progresser la science, mais encore de la populariser.

Ce sont les pays protestants qui ont fait le plus pour l'instruction publique. Nous devons les suivre, et dans notre
pays surtout, redoubler de zèle et d'intelligence. Ouvrir
des écoles, former des maîtres, répandre des livres, pu-
blier des journaux, appeler tous les hommes à la lumière,
à la discussion, au libre examen, telle est notre tâche, si
nous voulons continuer l'œuvre des réformateurs, et pro-
fiter des dispositions favorables de notre époque. Par l'instruction à la liberté, et par la liberté à la vérité : voilà le
chemin qui s'ouvre devant nous.

Si notre siècle est avide de liberté, avec quelle faveur ne
regardera-t-il pas le protestantisme, qui ne peut vivre que
par la liberté, qui représente la liberté dans l'ordre le plus
élevé et le plus important, dans l'ordre religieux ! Sur ce
point, Messieurs, notre mission est simple et précise : dé-
fendre la liberté en toute occasion, contre toute attaque,
toute crainte et tout sophisme, en répandre autour de
nous l'amour et la pratique, la maintenir énergiquement
parmi nous. Il n'y a pas dans le protestantisme la moin-
dre place pour l'autorité. Nous ne reconnaissons, dans
l'ordre spirituel, aucun maître : il n'y a pas de docteur, de
symbole, de synode qui puisse dominer sur notre foi. S'il
en est ainsi, nous avons pour mission d'élever nos institutions ecclésiastiques à la hauteur même du principe de la
Réforme. Plus nos institutions seront libérales, mieux
elles répondront aux besoins de notre siècle, à l'essence et
à la mission du protestantisme. Au lieu de faire de notre
Église un compartiment réservé, une chapelle soigneuse-
ment calfeutrée contre l'air du dehors, une étroite société
de dogmatisants, ouvrons-la toute large et toute grande à
quiconque y voudra entrer ; faisons d'elle une vaste école
d'enseignement mutuel où auront accès tous ceux qui veu-